图书在版编目（CIP）数据

学习王的20个人生公式/（韩）李英敏著；李晟月译.
—北京：中央编译出版社，2010.6
ISBN 978-7-5117-0422-1

Ⅰ. ①学… Ⅱ. ①李… ②李… Ⅲ. ①人生哲学-少年读物
Ⅳ. ①B821-49

中国版本图书馆CIP数据核字（2010）第119161号

Copyright © 2008 by GANA Publishing Co., Ltd.
All rights reserved.
This Chinese edition is published by arrangement with GANA Publishing Co.,Ltd.
Through PK Agency, Seoul, Korea.

* No part of this publication may be reproduced, stored in a retrieval system, or transmitted in any form or by any means, electronia, mechanical, photocopying, recording, or otherwise, without a prior written permission of the copyright holder.

本书中文简体版由GANA出版公司【韩】授权中央编译出版社独家出版，经韩国PK版权代理公司独家引进。未经出版者许可，不得以任何方式抄袭、复制或摘录本书中的任何内容。

编著	［韩国］李英敏	
绘画	［韩国］李昌燮	
翻译	李晟月	
项目策划	禹田文化	
责任编辑	刘文利	
项目编辑	房　明	
封面设计	刘　璐	
内文设计	惠　伟	

出版人	和　龑
出版	中央编译出版社
地址	北京西单西斜街36号
邮编	100032
编辑部	(010)66509360　66509365
发行电话	(本市)(010)66509364　66509618
	(外埠)(010)88356858　88356856
网址	http://www.cctpbook.com
印刷	北京隆元普瑞彩色印刷有限公司
经销	各地新华书店
版次	2010年7月第1版　第1次印刷
开本	185×260　1/16
印张	9
字数	90千字
定价	20.00元

本社常年法律顾问：北京大成律师事务所首席顾问律师　鲁哈达
凡有印装质量问题，本社负责调换。电话：010-66509618

勇气相加！懒惰相减！尊重相乘！爱心相除！

- 文 [韩]李英敏
- 图 [韩]李昌燮

学习王的"20个人生公式"

帮助孩子探索人生的加减乘除四则运算

我是罗仁生老师，我会帮助大家变得更加正直、开朗！那现在就和老师一道，学习"20个人生公式"吧！

努力的力！

为什么学这个字啊？

全国百佳出版社
中央编译出版社
CCTP Central Compilation & Translation Press

目录

美好而珍贵的人生课……

第一章
人生公式大汇合 加法！

1. 小心谨慎，经常害羞的韩晓心　　加法人生公式——勇气 .14

2. 性格急躁，容易放弃的高芳琦　　加法人生公式——坚持 .20

3. 缺乏自信，畏畏缩缩的汀布祖　　加法人生公式——自信 .26

4. 没有梦想，缺乏动力的吴未来　　加法人生公式——梦想 .32

5. 充满厌倦，敷衍了事的李草草　　加法人生公式——努力 .38

第二章
人生公式大汇合 减法！

1. 爱说谎话，不够正直的朴焕焕　　减法人生公式——说谎 .46

2. 事事消极，凡事抱怨的善布满　　减法人生公式——抱怨 .52

3. 骄傲自满，毫不谦虚的王自恋　　减法人生公式——自恋 .58

4. 容易生气，爱发脾气的那吉吉　　减法人生公式——敏感 .64

5. 做事懒散，拖拖拉拉的那蓝蓝　　减法人生公式——懒惰 .70

目录

美好而珍贵的人生课

第三章 人生公式大汇合 乘法!

1 缺乏责任心,不懂得承担的邵泽仁 乘法人生公式——责任 .78

2 只关注自己,对他人冷漠的那木芝 乘法人生公式——协作 .84

3 不听他人言,举止无礼貌的韩隋艺 乘法人生公式——尊重 .90

4 缺乏新鲜感,没有想象力的安吴曲 乘法人生公式——幽默 .96

5 凡事讲平均,事事讲平等的付正义 乘法人生公式——正义 .102

第四章
人生公式大汇合 除法！

1. 他人真诚道歉，不懂真心接受的Dardana　　除法人生公式——原谅 .110

2. 他人情绪变化，不懂用心分辨的金友沃　　除法人生公式——关怀 .116

3. 他人不付报酬，绝不出头做事的吴关欣　　除法人生公式——奉献 .122

4. 他人帮助自己，认为理所当然的李当然　　除法人生公式——感谢 .128

5. 他人对己态度，不懂用心理解的安艳艳　　除法人生公式——爱 .134

改变人生的保证 .140

20个人生公式让孩子快乐成长 .142

创造美好而珍贵的人生

同学们，你们现在如同春天的花朵一样，竞相开放，茁壮成长。但是，这种成长并不能只是身体上的成长，心灵的成长也同样重要，它会让你产生巨大的变化。

就像如果想要身体健康，就要先吃得好、常做运动一样，你的心灵也需要经历一定的训练、培养，才能健康地发展。如果你错误地认为即使内心不接受训练也能够独自健康成长，而任其自由发展的话，那么你很可能会成为只生活在自己世界里的人，或者成为容易发脾气的、有攻击力的人。也就是说，即使你们的身体已经成长了，但是心理却还停留在成长前的幼稚阶段。

孩子们，你们现在的内心状态是什么样的呢？是喜欢自己呢，还是讨厌自己呢？你们在别人的眼里又是什么样的人呢？如果你很喜欢自己，很喜欢和大家在一起，那么说明你的内心正在健康地成长着！

要让心灵健康成长，努力的过程不可或缺，老师想把这种努力叫做"人生教育"。为什么要给大家进行"人生教育"呢？因为随着大家的成长，很多事情需要你们自己想办法做决定。父母和老师能做的，只是期望你们能选择正确的道路并坚持走下去。而做这个正确的选择可不容易，内心一定要有正确的价值观。所以希望大家能在这本书里和罗仁生老师一同学习正确的价值观。

下面我们看一下这本书中出现的一些关系，**人生的不足之处用加法，人生的错误之处用减法，和别人的快乐相乘，学会将爱心相除**，用爱心温暖每一个人，就会感受到生活中的许多乐趣。

读完这本书之后，请你们再反过来看看自己，希望你们能够重新看待我们美好的生活，内心中装满正确的价值观，然后勇敢地向前迈进！

人生公式大汇合

加法！

1 勇气

小心谨慎，
经常害羞的韩晓心

2 坚持
性格急躁，
容易放弃的高芳琦

3 自信
缺乏自信，
畏畏缩缩的江布祖

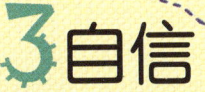

4 梦想
没有梦想，
缺乏动力的吴未来

5 努力
充满厌倦，
敷衍了事的李草草

1 加法人生公式——勇气

遇事不要逃避，拿出无限"勇气"！

晓心来到新班级已经一个月了，在这期间，老师通过观察，发现晓心是个老实、安静的孩子，对同学也很亲切。但是从另一方面来说，你也觉得很辛苦吧？无论是接触新的环境，还是结交新的朋友似乎都给你带来不少压力。可能是这种压力所导致的，老师发现晓心不能充分地表达自己的想法，甚至连自己不喜欢的事情都不会拒绝，这一点让老师非常担心！尤其看到布满欺负你时，你竟然没有什么反应，老师真的吓了一跳！如果当时你把怨气发泄出来也是正常的。为什么晓心不懂得如何保护自己呢？是因为缺乏勇气吗？

勇气是想要战胜困难的决心。处境虽然困难、令人畏惧，但是勇气不但不会让你逃避反而还会给你勇往直前的力量。老师也很清楚，晓心努力想要表达自己的观点，对于你的这种努力，老师也很认可并支持。其实，无论是谁，在别人面前表达自己的观点时，或多或少都会害羞、紧张，但即使是有这种感觉心里还是想要试一下的话，那么这种心境就是勇气。

除此之外，勇气还表现在敢于尝试实践自己的想法。比如，你很想认识一个朋友并和他和睦相处，但是如果连"那个朋友要是不喜欢我怎么办？"这种想法都跨越不了，那你就是自欺欺人了。勇气就是虽然害怕失败，但还是不断超越内心恐惧的决心。

勇气还指对别人的错误持直言不讳的态度。假如某天你看到大同学欺负小同学，你明知道大同学这样做不对，但是又做不了什么，可你如果不制止那种行为，你的同学就会嘲笑你，疏远你。其实，真正有勇气的人会不断寻找走出困境、克服恐惧的方法。

除此之外，有些孩子善于察言观色，懂得看老师和父母的脸色行事，很多时候不表达自己的真实想法。其实，表达自己真实想法也是有勇气的表现。所以当知道焕焕对大家说谎还有布满欺负你的时候，你是不是应该勇敢地说出你的想法呢？

还有，如果有人指出你的缺点，你能承认并接受他的批评，这也是有勇气的表现。我们期待晓心，早点儿拿出勇气来！

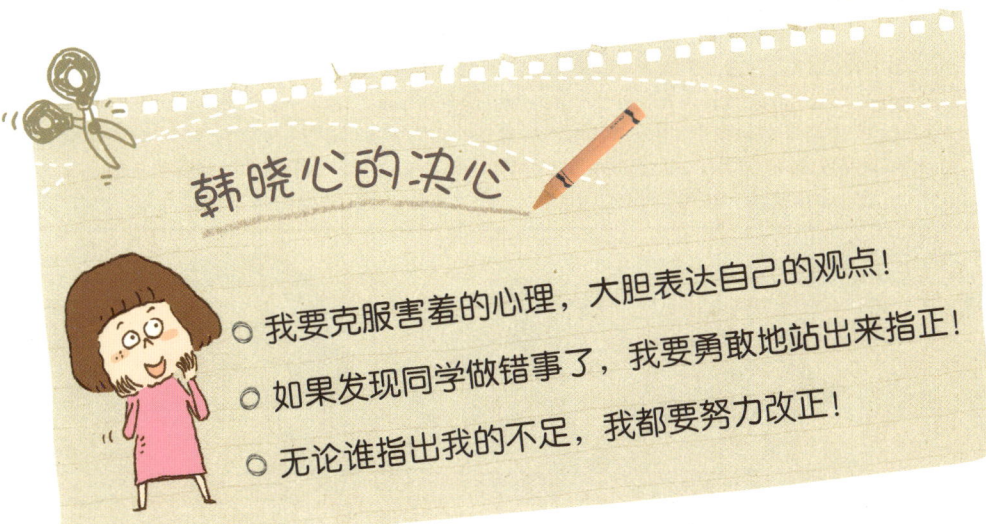

韩晓心的决心

- 我要克服害羞的心理，大胆表达自己的观点！
- 如果发现同学做错事了，我要勇敢地站出来指正！
- 无论谁指出我的不足，我都要努力改正！

2 加法人生公式——坚持

罗仁生老师给你讲道理

要想能力出众，必须"坚持"到底！

老师突然想起第一次见到高芳琦时的情景。芳琦对什么事情都特别感兴趣，而且上课积极回答老师的问题。但是，老师渐渐地发现芳琦对什么事情都是三分钟热情，因此很为你担心，觉得你的内心缺乏一种东西，就是"坚持"！

芳琦好奇心强，了解许多知识。但是，一遇到困难或者感觉枯燥就会轻易放弃。因此，不管你多么出众，如果不懂坚持，不懂培养能力，那么你的才能就会渐渐消失。事实上，谁都会有感觉无聊、困难的时候，哪能事事如意！就像芳琦今天做数学题一样，觉得困难就放弃，这样的人是不是就是缺少"坚持"呢？相反，默默地忍耐并努力可以称为坚持！因此，坚持就是能让你忍耐与等待的力量！

就像从播种到收获果实需要漫长的时间一样，坚持也是在经历一定的时间积累后才会有收获。因此，懂得坚持的人知道培养自己的能力是需要花费时间的，并且接受这个事实。而不懂得坚持的人总是想马上得到自己想要的结果，一旦没有得到，就会抱怨、发脾气，这是做事不能坚持、不懂得自我调节造成的！

因此，要想坚持下去，首先要转变你的想法！举个例子，假如遇到一道很难的数学题，不要轻易放弃，换个心理，鼓励自己："只要把这道题做出来，后面的题解起来就快了！"如果天天都反复做同一件事，比如，学习钢琴，那么就告诉自己这件事很重要，就像播种一样，不播种哪能收获果实呢？因此，无论做什么事情，想放弃的时候，就积极地努力，坚持下去，相信会有好的结果，那么你总有一天会收获美好的果实！

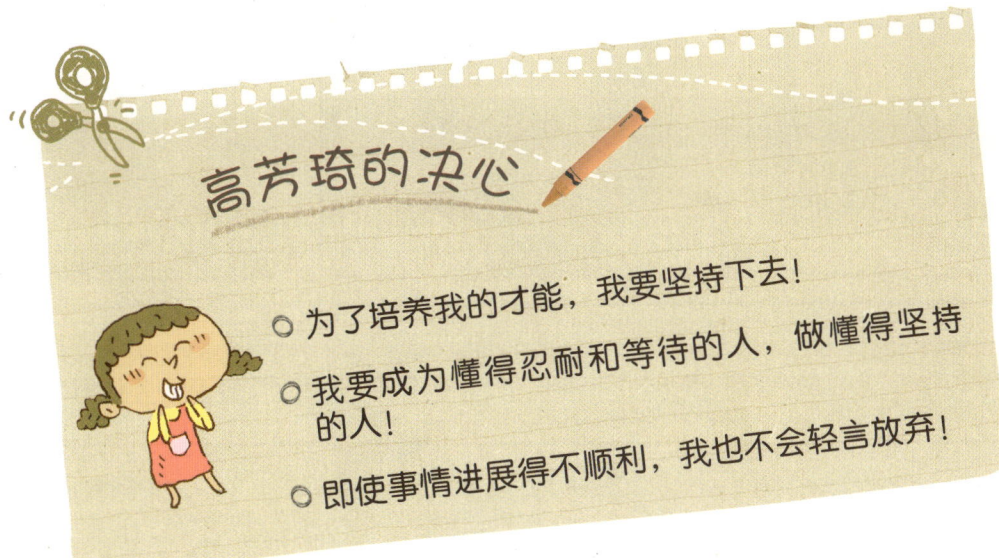

高芳琦的决心

- 为了培养我的才能，我要坚持下去！
- 我要成为懂得忍耐和等待的人，做懂得坚持的人！
- 即使事情进展得不顺利，我也不会轻言放弃！

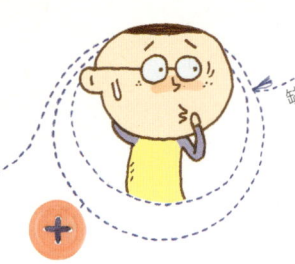

3 加法人生公式——自信

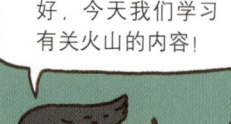

罗仁生老师给你讲道理

多多参加活动，好好培养"自信感"！

老师有些纳闷，布祖明明懂的知识挺多的，许多事都能完成得很好，但为什么不说出来呢？后来才发现，原来布祖总觉得自己不可能做好！因为抱着把事情做得更完美的想法，所以不够"自信"，不是吗？可是，如果觉得事情不能做完美就干脆不做了，慢慢地自信感也就消失了！

你的"自信感"强弱取决于你将注意力放在你的"强项"上，还是你的"弱项"上。不要总看自己的弱项，多看看自己的强项，提高自己的能力，慢慢地自信感就会增强了。

对着半杯水，布祖会想些什么呢？消极的人会认为怎么只有半杯水，他们只会看到不足的方面。相反，乐观的人可能就会想"我还剩半杯水呢"，他们会有半杯水足以干很多事情的自信感！

担心出错被朋友嘲笑也是没有自信的表现之一。你内心的满足感、愉悦的心情要比与他人比较更重要。就算不如你的同学又怎么样呢？事情即使没有做完美又能怎么样呢？

自信并不是表现给别人看的，也不是为了别人而产生的，而是实实在在地做某些事情时获得的满足感！

确实，布祖有过被人欺负的经历，这使你感觉在一定程度上受到了同学的轻视。所以，你可能觉得只要"老实"、"一言不发"就会受同学欢迎。其实，与老实相比，时时保持自信更容易帮助你维持与同学、朋友之间的关系！

自信的人会直接说自己想要什么，他们会在朋友为难自己时说"No！"，也不会为了让朋友开心而放弃自己的想法！

每个人都是独一无二的，即使别人认为你一无是处，你也不要迷失了自我！因此，坚持走自己的路才是最重要的，行动起来，自信感自然就会围绕在你身边！

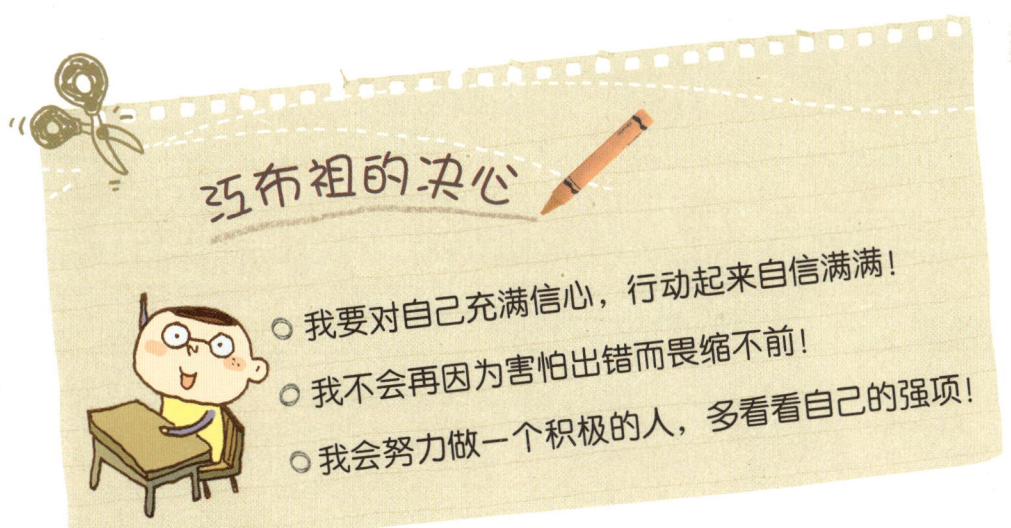

巧布祖的决心

- 我要对自己充满信心，行动起来自信满满！
- 我不会再因为害怕出错而畏缩不前！
- 我会努力做一个积极的人，多看看自己的强项！

4 加法人生公式——梦想

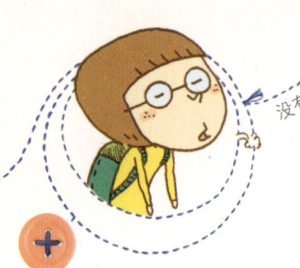

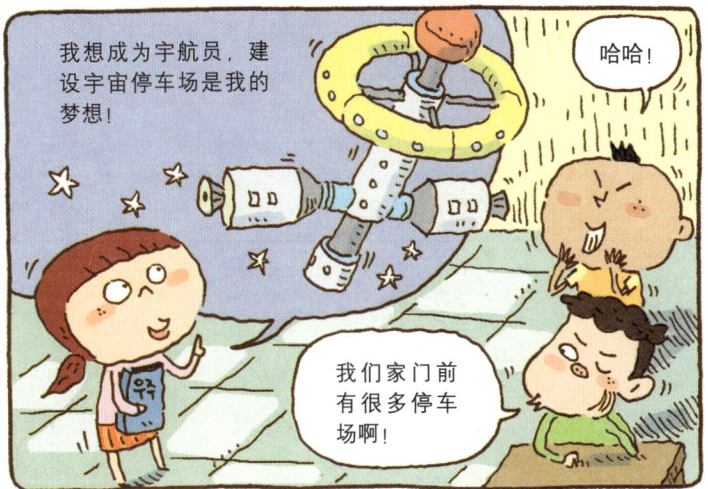

想想自己到底想要什么，确立真正的"梦想"！

老师没想到同学们的梦想这么多姿多彩，老师真的很惊喜、很骄傲！同学们一个一个都说出了自己的梦想，只有未来还没有说呢，那未来在此之前有没有认真地想过，自己的梦想是什么呢……

可能是因为未来只关注自己的小生活圈儿的原因吧！所以能想到的答案就是像妈妈一样做家庭主妇或者做像爸爸一样的公司职员。可是，你也可以从周边的环境中寻找自己的梦想啊！例如，晓心很有责任心，她很关心周边环境，所以才能够超越国界，确立自己的梦想不是吗？这并不是说你立刻就要实现自己的梦想，而是要在心里先确定好自己到底想要干什么！

梦想是生活的巨大动力，所以很多人都抱有自己的梦想。有梦想的人，会不断努力，不会坐享其成，他们会为了实现梦想对生活充满激情！

未来缺少的就是这份激情！有梦想、并为了实现梦想而充满激情的人是最美的！我想，未来看到那木芝的状态时也会有所感触吧！她有为实现梦想

付出的激情,有了这份激情,无论前方的道路是否平坦,这个追求的过程足够让她开心!因此,未来也要心怀梦想,并为实现这个梦想而努力!

要实现梦想,实践是最重要的。如果只有梦想和热情,而不去实践,那你的梦就真的只是梦了!因此有梦想的人只有做到目标明确、满腔热情,并且全身心地投入到实践中,才有机会实现梦想!

老师每次看到谁没有梦想或者根本没有为自己的梦想而努力,就感觉很遗憾,因为这样的人永远都不会知道自己有多大潜力。所以,哪怕只有一次,也要好好想想自己到底想成为什么样的人,一旦确定了目标,就付出不懈努力吧!

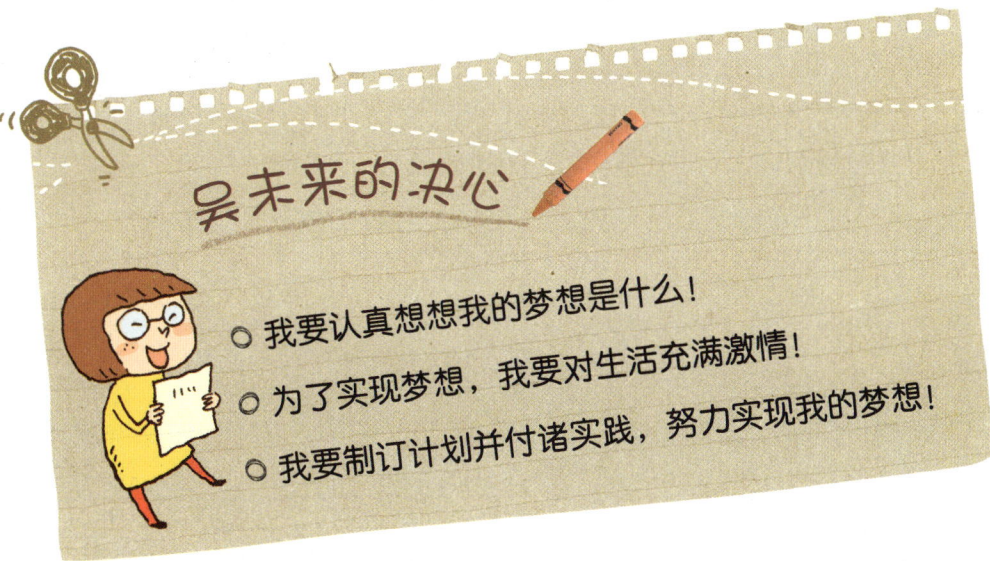

吴未来的决心

○ 我要认真想想我的梦想是什么!
○ 为了实现梦想,我要对生活充满激情!
○ 我要制订计划并付诸实践,努力实现我的梦想!

5 加法人生公式—— 努力

要想发挥能力，必须多多"努力"！

美术课上，草草写书法的样子看起来就像在敷衍了事一样。明明可以做得很好，但是都没有努力一下就随便写写，糊弄糊弄，老师看到时真的感到很遗憾！草草可能觉得自己这样做理所当然，也没什么不行的，能够把事情完成就行了。但是，草草看起来满足于不用努力就获得某些结果，所以什么事情都敷衍了事，轻易放弃！

努力就是竭尽全力，发挥所有的能力！但是，这并不是说你一定要比别人出众许多，而是不要满足于现状，应当努力提高自己的能力！

草草和与自己一起做课前准备的布满也吵起来了，布满对草草发火的原因是什么呢？是因为草草做事情不认真的态度吧！布满打扫卫生时，高的地方他会站在椅子上打扫，桌子、椅子底下每个角落都会打扫得干干净净。认真就是每次都将事情做得很好，不敷衍，也不推脱给别人，尽自己所能！

无论你能力多么出众，如果不努力全部发挥出来的话，也是毫无用处！无论你书法多好，如果不勤奋练习，也不会拿出好的作品来。

那么草草为什么不努力呢？这可能是因为你怕努力之后依然会失败吧！但是，

与结果相比，在过程中全身心的付出更为重要。即使侥幸获得了好的结果，如果不是通过自己的努力所得，就会没什么意义！这也许就是草草认为做什么事情都不重要的原因了。举个例子，因为草草认为收拾物品柜和打扫教室不重要，所以他才对这些事情应付了事！

其实，从"朋友之间"这个主题的讨论结果就能看出这个道理，如果想和跟自己想法相同的人建立友情，就要付出努力。不仅要抽出时间和朋友多沟通，如果吵架了也要想办法和解，这样的过程很重要！友情可以让朋友之间分享快乐、分担悲伤，是一份珍贵礼物！因此为了获得朋友的友情，做出努力是很有价值的，不是吗？

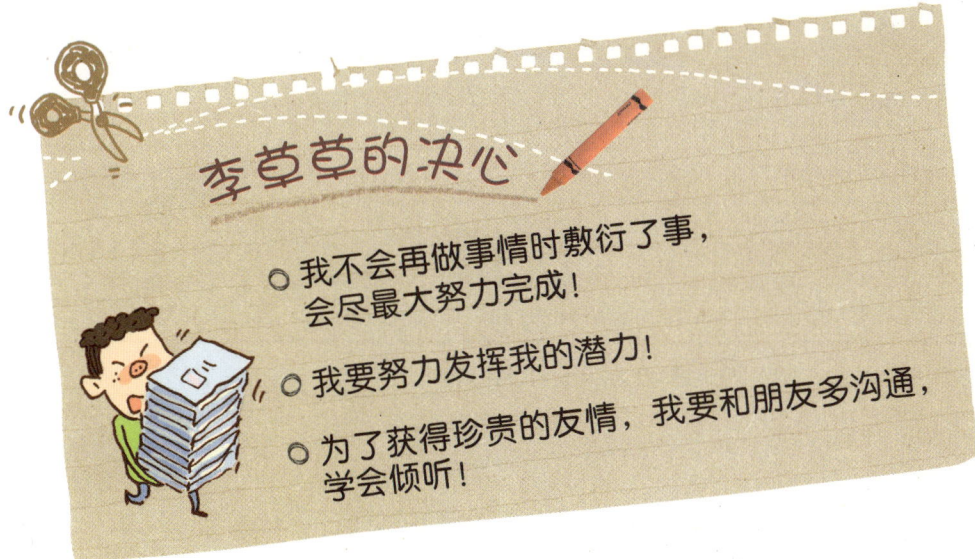

李草草的决心

○ 我不会再做事情时敷衍了事，会尽最大努力完成！

○ 我要努力发挥我的潜力！

○ 为了获得珍贵的友情，我要和朋友多沟通，学会倾听！

人生公式大汇合
减法！

1 说谎
爱说谎话，
不够正直的朴焕焕

2 抱怨
事事消极，
凡事抱怨的姜布满

3 自恋
骄傲自满，
毫不谦虚的王自恋

4 敏感
容易生气，
爱发脾气的那吉吉

5 懒惰
做事懒散，
拖拖拉拉的那蓝蓝

1 减法人生公式——说谎

不为说谎找借口，"正直"才是好学生！

很多人都努力做到不欺骗别人，但是有些人根本没意识到自己的某些行为其实已经是在欺骗别人了。在老师看来，焕焕也混淆了机灵和作假这两个概念。如果遇到困难，机灵地处理解决了，那可以称之为一种智慧，但是如果因为要掩盖自己的不足而耍小聪明，那就是作假！如果能做到不说谎不作假，就说明这个人非常正直！

除了焕焕，还有些人为了隐藏自己的错误而说谎，也有些人为了不被指责或者不受惩罚而撒谎。因为害怕自己因为犯错被责备，而找各种借口推诿，就像焕焕，因不想借给别人《宇宙图鉴》，所以拿妈妈当借口，一个谎话引出另一个谎话。这样下去，谎言就像滚雪球一样越滚越大，最后形成说谎、作弊的习惯。焕焕应该听过《狼来了》的故事吧，就是因为那个少年总说谎，最后没有人愿意再帮助他，自己的羊都被狼吃了。同样的道理，当说谎形成一种习惯，说谎的人就再也不会得到别人的信赖！

其实老师知道焕焕考试时作弊了，但是我希望焕焕能在考试后诚实地向我承认错误。作弊是所有人都不齿的行为，是欺骗自己和他人的行为。与用欺骗的手段换来的好结果相比，诚实的过程更为重要。或许结果不尽如人意，但是通过自己的努力取得的成绩才是堂堂正正的，不是吗？

朋友关系也是如此。如果焕焕对朋友经常撒谎或者食言，朋友们还会相信焕焕吗？即使是很小的约定也要认真兑现。如果实在兑现不了，也要向朋友说出真实的原因。不能因为为难而说谎、找借口，如果事后朋友知道了真相，就会对你更加不信任！

大家都知道正直的重要性，但并不是每个人都能做到正直无私。有的人认为别人说谎可以顺利通过一些难关，为什么自己说谎就被看成了傻瓜？做事情不能存在侥幸心理，请记住，只有同学们都成为正直的人，我们的学校，或者范围更大点儿，我们的国家才会欣欣向荣！

朴焕焕的决心

○ 我会改掉说谎的坏习惯！

○ 我以后再也不作弊了！

○ 我如果不能兑现对朋友的承诺，也不随便找借口搪塞！

2 减法人生公式——抱怨

事事消极，凡事抱怨的姜布满

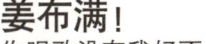

保持积极想法,学会感受"幸福"!

布满准备了那么长时间的特长表演,但是自恋却自作主张地去唱歌,这让布满很伤心,他会有所抱怨也是情理之中。这种抱怨来自本来设想好的事情却不按自己的想法发展,是一种很自然的表现。但是,布满总是看到事情的消极方面,而且在不断地抱怨不是吗?所以老师担心,所有的事情布满都只是看到消极的一面!

在我看来,因为布满经常抱怨、生气,所以也总是阴沉着脸。那为什么布满总是对事情不满,充满抱怨呢?

可能是因为事情不如你愿,而你又没有表达清楚自己观点的原因吧!布满想唱歌,不想跳舞,但是你又没法说清楚自己的意愿,所以会越发不满,总是抱怨!因此,如果不想受到不公平的待遇,你就要自信地表明自己的要求和想法。同时,即使事情并不是按你所想的发展,也要理解当时的状况,往积极的方向想。只有这样做,你才能发现你的心情会好很多,而且心中会充满幸福的感觉!

谁都想幸福,布满也是吧?那么幸福来自哪里呢?幸福并不是金钱等物质因素带来的,幸福是源于你的心理状态。换句话说,幸福来自你用心感受,否则不幸就会到来!

对于今天蓝蓝迟到的事情,如果你总是想着委屈或者生气,那你就会更加不满,陷在负面情绪里不能自拔!但是如果你能理解当时的情况,往积极的方面想,你的心情也会变得开朗起来!如果你不断地这样练习,积极地看问题,你的内心就会充满幸福感!

我们知道,海伦·凯勒小时候就失去了视听能力,但是面对这些障碍,与其他盲人和聋哑人不同,她觉得只要自己活着,就能做出更多的成绩。这一点,对于那些不会扩大自己的不幸和不满,积极地想问题,幸福地生活的人来说,当然是可能的。所以说,只要她活着,她就比谁都幸福!

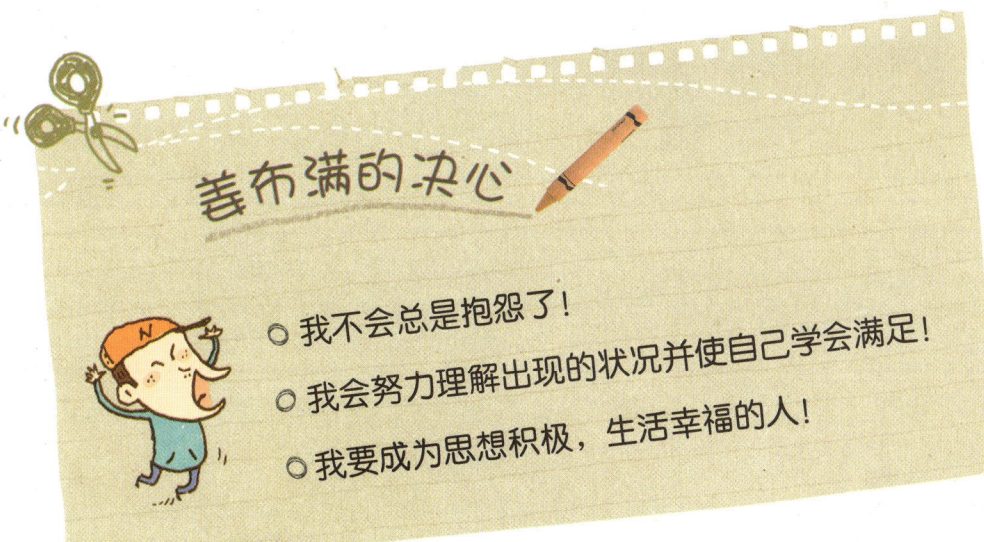

姜布满的决心

○ 我不会总是抱怨了!
○ 我会努力理解出现的状况并使自己学会满足!
○ 我要成为思想积极,生活幸福的人!

3 减法人生公式——自恋

骄傲自满，毫不谦虚的王自恋

学会尊重他人，态度要"谦虚"！

自恋的学习成绩很好，看起来很自信，这是好事情。但是，自恋总是不自觉地想在朋友面前炫耀自己的能力，喜欢在不如自己的同学面前表现。如果不能充分表现自己的能力，你就会发火。

但是，如果一直陷在这种自满和优越感中，你就不能充分考虑到别人的立场，其实你作为小组长挑选跑步队员时，把很有实力的焕焕排除在外就是一个例子！

这样的自恋需要的正是"谦虚"不是吗？谦虚就是尊重别人，不把自己的自信过分炫耀在外的气度。

想要变得谦虚，首先要学会尊重他人。不谦虚的人只想一味地突出自己，只要自己犯一点点错误，就会生自己的气，可是人无完人啊！然而，谦虚的人在自己犯错误的时候，就会意识到自己的不足之处，学会从错误中吸取教训，健康成长。

相反，不谦虚的人如果自己做不到出类拔萃，就会认为自己不受重视，因此无视别人的意见，按照自己的意愿鲁莽行事。他们不会管自己是否得到别人的认同，而是固执地抱有自己没受到尊重的错误想法！

所以，要意识到其实每个人的身上都有值得你学习的地方。当然这并不意味着你就要看别人的眼色或者跟着别人的步伐前进，那样做只会使自己丧失自信，并不是谦虚。

谦虚，就是在朋友说着你已经知道的信息时，你依然会表现出关注的模样！有了这种谦虚之心，你不但会了解到更多你以前不知道的信息，而且还会获得朋友的尊重！

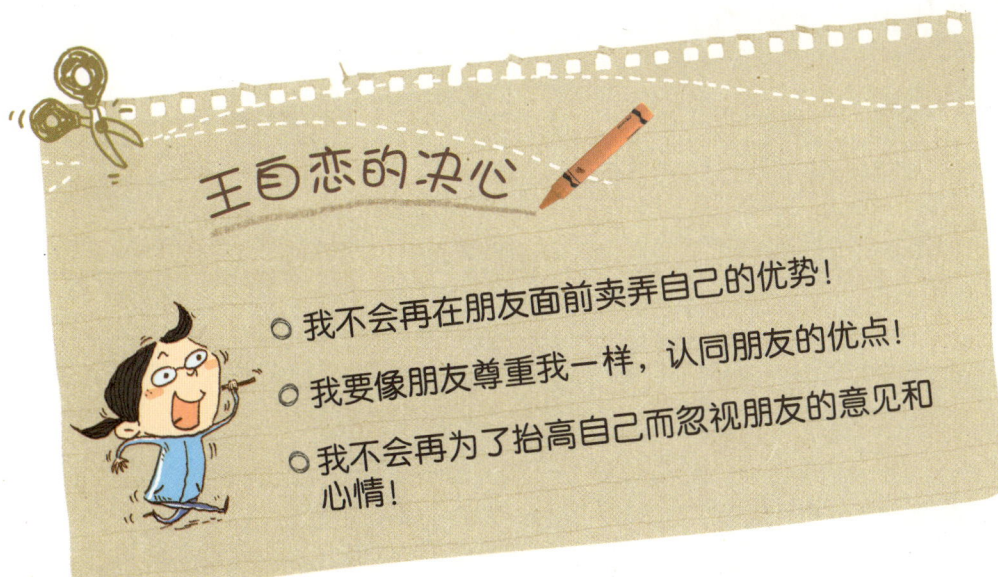

王自恋的决心

- 我不会再在朋友面前卖弄自己的优势！
- 我要像朋友尊重我一样，认同朋友的优点！
- 我不会再为了抬高自己而忽视朋友的意见和心情！

容易生气、爱发脾气的那吉吉

4 减法人生公式——敏感

吴曲！我们一起玩儿去吧？

那算了！

我得去自习室！

吉吉，好久不见了，你还好吗？

啊，是邻班的朴公英！

很……很好，我向来人气很旺嘛！朋友总是叫我一起去玩儿！哈哈！

多好啊！

哈，你是大骗子！

喂，干吗这么对我！怎么突然说那样的话？

那个那个

学会"宽容",接受别人的意见!

有吉吉在的地方,只要吉吉能说点儿笑话,或者做出点儿搞笑的动作,气氛顿时就活跃起来了。但是你情绪变化快,很容易就变脸,动不动就生气、发脾气,之前的和谐气氛轻易就被你破坏了。

谁都会生气,这是很正常的。但是生气也有好坏之分,对不正确的或是不愉快的事情生气是正常的情绪反应。举个例子,如果你的一个朋友很懒惰,为了让他进步而发脾气告诉他改正,是善意的,动机是好的。相反,莫名其妙地突然对朋友发火就是不对的。如果总动不动就发脾气,不但会使朋友关系变得紧张,事后自己心里也会很不安。如果经常发火,这种情况就会越演越烈。

容易发火的人不会掩藏自己的想法,而是直接表达自己的观点。但是,只想着表达自己的想法,却不理解别人的想法是自私的。这样的人只要别人没有按照自己的意思做就会发火。所以,大部分爱生气的人都是"制造麻烦的人(troublemaker)"!

那要怎样才能够不乱发脾气呢?这就需要"宽容"了!宽容就是能够接纳别人的想法和行动。除此之外,宽容还包括能够理解他人、不向别人发脾气!不要朋友一犯错就生气,应该学会谅解;当别人与你的想法、做法不同时,要想想其实他们未必做错了,这就是宽容!所以要生气之前,先想想怎么处理矛盾才能不生气,说出生气的原因也是好的呀!对方可能不一定知道你的想法,因此你说出自己生气的原因也是必要的。举个例子,对那些在背后说你是非的朋友说:"我不喜欢别人在背后说我坏话,想说什么直接对我讲好了!"像这样,学会宽容,学会表达自己的想法,你就会成为一个"调节者(peacemaker)"。

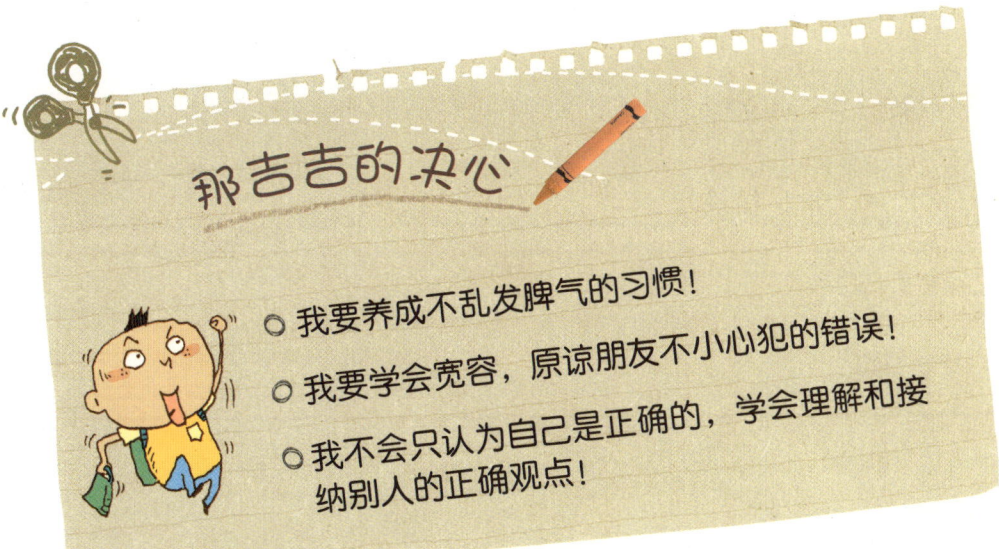

那吉吉的决心

- 我要养成不乱发脾气的习惯!
- 我要学会宽容,原谅朋友不小心犯的错误!
- 我不会只认为自己是正确的,学会理解和接纳别人的正确观点!

做事懒散，拖拖拉拉的那蓝蓝

5 减法人生公式——懒惰

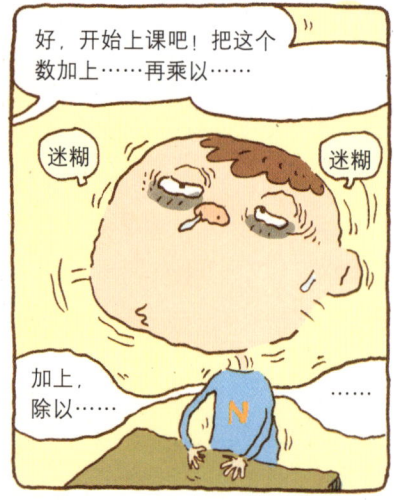

人生公式大汇合 减法

做事不拖拉，学会变"勤快"！

蓝蓝，你总是不按时完成作业，而且无论是自己的事情，还是别人拜托你的事情，总会往后拖，是吧？蓝蓝的这些问题都是因为"懒惰"造成的！懒惰的人总是容易沉迷在电视节目、电脑娱乐或者其他无关紧要的事情中，把自己必须做的事情一拖再拖。因为这些东西太诱惑人，很难抵制，所以像蓝蓝一样，把作业一拖再拖的学生是大有人在的！

那这种懒惰是怎么产生的呢？是你只想做自己喜欢的事情的这种欲望引起的！

但是人怎么能只做自己喜欢的事情呢？做自己喜欢的事情自然会给你带来短暂的快乐，但是需要做的事情没有做而一直积压的话，你自己也会有压力！而且在这种情况下，你做什么事情都不会做得特别顺利！

而且，如果光说不做，你的朋友也会渐渐不再信任你！比如，蓝蓝本来和朋友约好见面，但是因为多看了一会儿电视或者因为磨蹭而迟到，慢慢地你的朋友就不会再和你做约定了！

要想克服"拖拉"的毛病，最重要的就是变"勤快"！勤快的人清楚自己的目标，所以不会拖延自己需要做的事情。相反，拖拉的人往往没有一个明确的目标，很容易被电视或电脑诱惑，拖延了自己应该做的事情！

勤快的人往往会给自己订一个计划，并按照这个计划有规律地生活。什么时候学习、什么时候看电视、什么时候玩电脑等，都规定下来严格执行。

但是，勤快并不等于做什么事情都匆匆忙忙、乱七八糟，不是要把很多事情一下子做完，而是把要做的事情一件一件地按顺序完成，不拖拉。而且牢牢记住，做事情时一定要集中精力、全心投入！

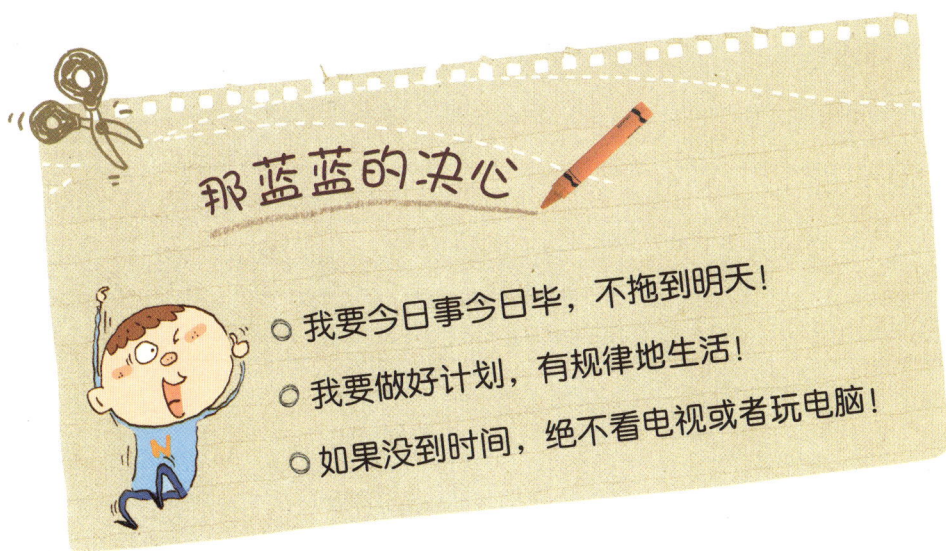

那蓝蓝的决心

○ 我要今日事今日毕，不拖到明天！
○ 我要做好计划，有规律地生活！
○ 如果没到时间，绝不看电视或者玩电脑！

人生公式大汇合
乘法！

1 责任
缺乏责任心，
不懂得承担的邵泽仁

2 协作
只关注自己，
对他人冷漠的那木芝

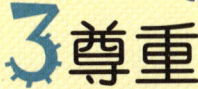

3 尊重
不听他人言，
举止无礼貌的韩隋艺

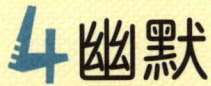

4 幽默
缺乏新鲜感，
没有想象力的安吴曲

5 正义
凡事讲平均，
事事求平等的付正义

缺乏责任心,不懂得承担的邵泽仁

1 乘法人生公式——责任

新学期到了,我们一起来大扫除,让环境变得更加整洁怎么样?

我们先分一下组,各个组负责不同的工作,哪一组打扫教室呢?

1.打扫教室　2.清扫走廊
3.制作日历、时间表

打扫教室应该比制作日历、时间表简单吧?

是啊,我们还是打扫教室吧!

嘀咕
嘀咕

泽仁啊,打扫教室怎么样?

你别来捣乱,我会看着办的。

让开点儿!

我们来打扫吧!

我们组也要打扫教室!

做事坚持到底,需要"责任心"!

老师看到泽仁平时做事有责任心,所以非常信任她。但是,这次美化教室环境的结果真是让老师大吃一惊!这件事之所以会有这样结果,可能是由于泽仁不知道"责任心"的真正含义造成的。责任心就是要按时完成自己承担的任务,如果没有完成,就不能算真的具备责任心。

当然,有责任心并不是说你要把所有的事情都揽到自己身上,感觉时间不足或者完成任务吃力的时候,就不应该逞强,而是要学会郑重地提出自己不能完成,把不能完成的工作独自包揽下来,也是一种不负责任的表现!

但是,一旦你把事情承担下来,就无论如何也要尽力把事情做完。承担的事情完成得好坏不是最重要的,但是你们对待自己任务的态度却包含在责任心里面。以后,泽仁会遇到各种各样的事情需要自己拿主意,在每次拿主意以及完成事情时,你都要负责任才行!这才是真正意义上的责任心!

美化环境时产生"那么多人呢,缺我一个没关系吧?"这种想法就是没有责任心的表现。如果所有同学都那么想的话,那环境美化的工作还能完成吗?只有每个人都把自己的事情做好了,整个事情才能顺利完成啊!

就拿身体做个比喻吧!把他们一组看成一个身体,你是胳膊,那木芝是腿,付正义是嘴。如果你不动的话,付正义能吃到他想吃的东西吗？如果泽仁想拿到离你远的东西，如果腿不动的话，你也不能拿得到！就像各部分如果不担起自己的责任，身体就什么事情都做不了一样。如果每个人不能对需要完成的事情负起责任，那么集体生活就会变得混乱。

那么怎样培养责任心呢？养动物或植物是培养责任感的好方法之一。通过需要你照顾的生命，你会渐渐地增强责任感。就像父母照顾你们的责任心一样，你也会在照顾动植物的过程中培养责任心！

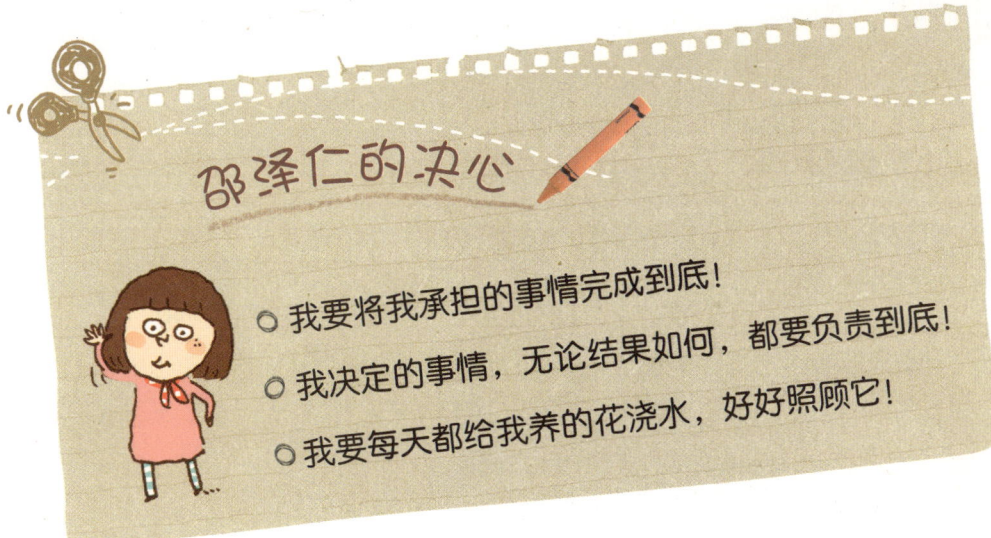

邵泽仁的决心

- 我要将我承担的事情完成到底！
- 我决定的事情，无论结果如何，都要负责到底！
- 我要每天都给我养的花浇水，好好照顾它！

2 乘法人生公式——协作

关注别人，学会"协作"！

那木芝确实很有能力！不仅作业写得漂亮，功课也很努力！但是，那木芝总是喜欢独自完成原本需要几个人合作的事情。当然，如果自己做的话，不用受到别人的干扰，自己想什么时候做都可以。但是，不和别人协作，只关注自己是很危险的。每个人都不是独自生活在这个世界上，如果每个人只想着自己，那整个世界不就乱了吗？因此，老师希望那木芝可以融入集体中，多考虑一下"协作"观念！

虽然大家协作时工作如何分配很重要，但是更重要的是学会关心别人。当你完成了你的部分，看到同组的其他同学完不成任务时，你该怎么办呢？就像上次美化班级环境，你干完自己的活儿就离开了，这种做法是不关心别人的表现，是个人主义的表现！遇到类似的情况时，应该积极帮助稍稍落后的同学，这种想法就是协作！

当然，几个人毫无争议、顺顺当当地完成一件事情是很难的，要做到自己的意见和行动与他人完全一致也很困难，想法不一致或者起冲突是很正常的事，因此更需要协作！

认为自己全对，对方全错，或者不想浪费时间和别人沟通想法，而自己独立做事的人，很可能被孤立起来。因此老师经常安排各种小组活动，通过小组活动，你可以和同学多沟通，了解彼此的想法，让他们知道你的想法，同时多了解其他同学的想法，使同学关系更加融洽！

协作，就是越过义务范围，关心别人的开始。老师希望即使你觉得有一丝不便，也能够尽量关心其他同学，这样以后当你需要帮助的时候，其他同学才会关心你！

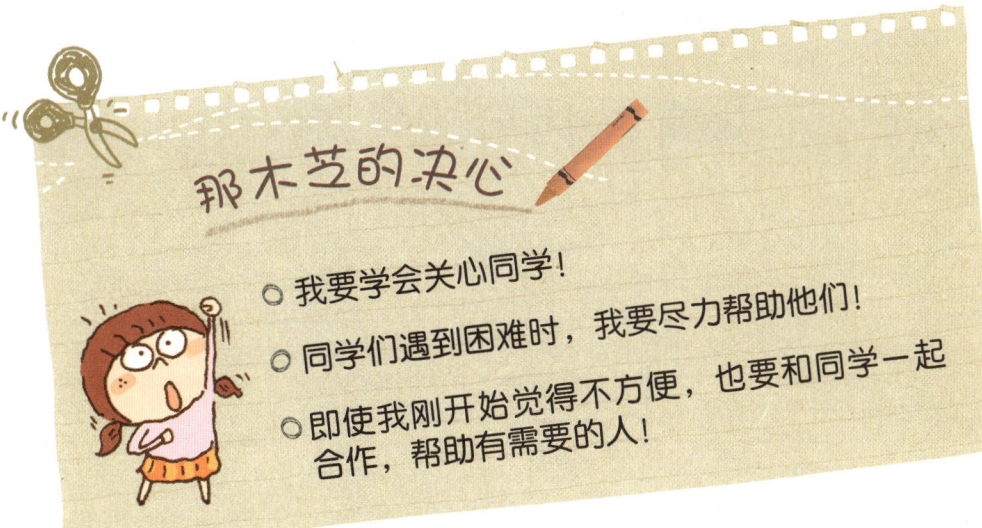

那木芝的决心

○ 我要学会关心同学！

○ 同学们遇到困难时，我要尽力帮助他们！

○ 即使我刚开始觉得不方便，也要和同学一起合作，帮助有需要的人！

3 乘法人生公式——**尊重**

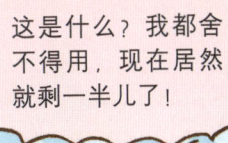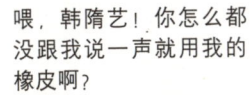

良好的同学关系，需要"尊重"来维系！

老师很喜欢韩隋艺同学，因为你喜欢表达自己的观点，做事也大大方方。但是，在今天班会上看到你忽视其他同学的意见，而且经常中途打断其他人说话，老师还是有些吃惊的。而且我发现你有些轻视不如你、不能给你带来帮助的同学，这一点很不好！

无论同学关系多亲密，也应在平时相处时对他们有礼貌，这就是"尊重"。

每个人都希望其他人能尊重自己，所以会对没经过自己允许就进入自己"领域"的人产生不快。

没经过同学的允许就随便用同学的东西，这就是侵犯他人利益的一种行为。因此，你想要借用对方的东西时，一定要得到允许后再使用。这是对物品主人最起码的尊重！

尊重还包括听长辈的话，不仅包括老师的话，还包括爷爷、奶奶、爸爸、妈妈的话，因为他们比你们经历得多，掌握的人生智慧也多。一定要多听听长辈的教诲，因为在你们今后的人生路上，这些教诲会有重要作用！

当然，尊重并不单指人与人之间的尊重，还包括人对动植物的尊重，这也是非常重要的，因为它们也是有生命的。如果某个人拿你开玩笑、为难你，你会有什么样的感觉呢？肯定不好受吧！所以，你要学会尊重所有的生命体。

当然，不仅要学会尊重其他生命，还要学会尊重自己。只有你懂得尊重自己，别人才会尊重你。学会尊重别人的最简单的方法，就是换位思考。想想你希望别人怎样对待你，这里你要记住一点：不论是亲人还是亲密的朋友，如果他们不尊重你，你一定要据理力争。为了尊重别人而放弃自己的思想和权利，这不是真正意义上的尊重！

韩隋艺的决心

- 我不会轻视或者欺负比我弱小的同学！
- 我要听大人的话！
- 我不会再摘花或者欺负小动物！

4 乘法人生公式——幽默

精彩的创意,"幽默"来帮你!

吴曲做什么事情都有始有终,坚持不懈,尽自己最大的努力,所以老师很欣慰。但是,吴曲和其他的孩子相比,过于死板、不善沟通,这也令老师有些担心,而且吴曲一旦下决定就很难再改变。老师告诉某个方式,你就会按照这个方式行事,不会想到变化。当然不是说这样完全不对,但是吴曲有时候也觉得自己很闷吧?吴曲能不能试着多给自己点空间,在朋友面前表现出你"幽默"的一面呢?

幽默是指让别人开心的话语或者动作。吴曲可能会想:真的有必要幽默吗?那是当然,每个人都希望自己开心,这种快乐可以传递给别人,从而维护人与人之间的关系。幽默还能让人们思想积极,快乐生活!

我们分小组做活动时就能发现,有的小组大家打成一片,合作得很开心;有的小组成员就像水和油一样,各忙各的。这些状态多少可以反映出这个小组同学的幽默程度。合作得开心的小组,成员们相互有说有笑,把快乐传递给对方,这样大家合作起来就更加和谐。

那么怎样才能学会幽默呢?事实上,仅从上学放学这样反复的日常事情上找到快乐是有些困难的,所以说幽默源自"新鲜事物"有一定的道理。为了让自己经常接触新鲜事物,有新鲜感的"想象力"必不可少!

想象是人类最自由的活动，所以展开你想象的翅膀自由地飞翔吧！积极、快乐地思考不但能够活跃气氛而且会让你的大脑更灵活！

当然，"冰冻三尺，非一日之寒"，幽默之功也并非一日可以练成。就像吴曲模仿动画片中的人物，刚开始时模仿也是培养幽默感的好方法。产生有趣的想法或者主意时，记录在本子上也是不错的习惯。在书中或者电视中出现的幽默片段也可以记录下来。但是，最重要的还是自己要养成微笑的习惯，朋友看到你笑了他们自然也会感到开心。

安吴曲的决心

- 我要和幽默的人交朋友！
- 我要学会微笑并努力保持乐观的心态！
- 我要学会从新鲜有趣的想象中寻找幽默！

5 乘法人生公式——正义

凡事讲平均，事事讲平等的付正义

懂得接受差异，做真正有"正义"感的人！

正义敢于同欺负弱小的人据理力争，是非常勇敢和正直的孩子，可以说正义是我们班维护正义的"超人"！但是，正义对自己喜欢的同学显得更好些。就像今天，看到自己喜欢的晓心哭了，都没问清楚原因就要收拾焕焕。其实，这可不是真正的有正义感。正义感是对所有的人都平等对待，不能对自己喜欢与不喜欢的人在态度上有所区别。

有正义感的人自己首先应行事正确，而且要有判断对错的能力，这样才不会被别人的想法左右，轻易地改变自己的立场。不轻易随大流，知道如何判断别人的说法或者行为是否正确。真正有正义感的人也不会欺负自己不喜欢的人或者比自己弱小的人。

要想做有正义感的人，首先就要学会"公平"对待所有的人。这种公平并不是指对所有的人完全一致。公平不是无条件的平均分配，而是根据他们的状况和能力进行区别对待。换句话说，对有需要的人给得多点儿，对力量不足、无法承担的人可以给得少点儿。玩皮球也是一样。王自恋和高芳琦无论看着怎么有力气，也和男生不一样。女生的身体素质和男生相比还是有很大区别的，根据这种身体素质差异控制发球的力量也是一种公平、正义的表现。

正义，老师还希望你能够没有偏见地对待别人，不能因为不喜欢某些人或者肤色和你不同就区别对待。这种区别对待有时会让你犯大错误。正义感是接受差异，发现别人的优点。不带有色眼镜看人，接受别人的本来面貌才是真正的正义。

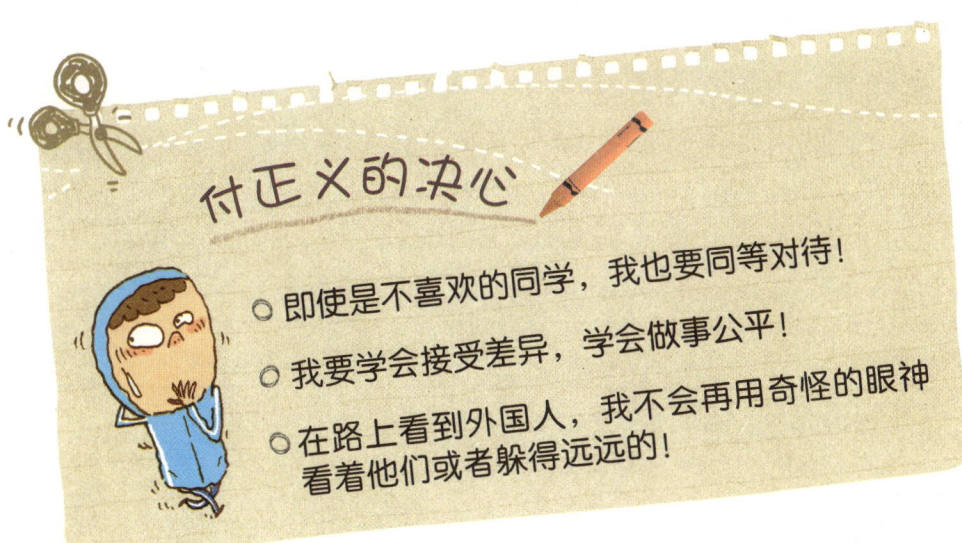

付正义的决心

- 即使是不喜欢的同学，我也要同等对待！
- 我要学会接受差异，学会做事公平！
- 在路上看到外国人，我不会再用奇怪的眼神看着他们或者躲得远远的！

人生公式大汇合
除法！

1 原谅

他人真诚道歉，
不懂真心接受的Dardana

2 关怀
他人情绪变化,
不懂用心分辨的金友沃

3 奉献
他人不付报酬,
绝不出头做事的吴关欣

4 感谢
他人帮助自己,
认为理所当然的李当然

5 爱
他人对己态度,
不懂用心理解的安艳艳

1 除法人生公式——原谅

他人真诚道歉，不懂真心接受的Dardana

真心接受对方道歉，学会"原谅"！

Dardana 因为李当然的言语受到很大的伤害，但是，Dardana 也是在试着理解这个同学的吧？Dardana 这种善良的心态其实就是原谅。朋友之间可能不好意思说原谅，但这却是彼此相处必须要做的。

原谅就是理解对方犯的错误，并像从前那样对待对方。不过，并不是原谅了对方，你之前受到的伤害就消失了，或者你就一定能帮助对方改正错误。但是，原谅是给自己一个像从前一样对待对方的机会，因此 Dardana 也应当从心底里原谅李当然。正因为 Dardana 心里还存有对当然过去错误的怨恨，所以才会想到要报复！

如果不能从心底里原谅犯错的朋友，以后就只能看到对方的缺点。之后可能又会和朋友产生矛盾，形成恶性循环。渐渐地，彼此心里就会产生"憎恶"，这种不好的情绪会让你把厌烦的矛头从错误的事情转移到做这个错事的人身上，然后总是为难这个人。

憎恶是必须治愈的心理疾病，而治疗这个疾病的特效药就是原谅。从心底里原谅了别人，憎恶感就会消失，你的心情就能恢复平静了。

那么怎样才能做到从心底里原谅别人呢？首先要弄清楚自己受到的伤害到底有多大，朋友和我开玩笑时，我受到了多大的伤害，到底有多讨厌给自己造成伤害的同学。只有经历了这个思考过程，才有可能真正地原谅这个伤害你的人。如果你已经理清这些相关因素，说明你已经从心底里开始试着原谅别人。

原谅并不只是原谅别人，也要学会原谅自己。有些人很容易原谅别人的错误，但是对自己犯的错误却揪着不放。如果不懂得原谅犯错误的自己，是不可能学会原谅别人的。揪着自己的错误不放，认为自己无可救药是不对的行为。因此，找出改正错误的方法，相信自己，并创造一个改变自己的机会！

Dardana的决心

- 我要学会从心底里原谅别人的错误！
- 我不会再讨厌或者为难伤害过我的人，我要学会真心原谅他们！
- 我也要学会原谅自己犯过的错误！

他人情绪变化，不懂用心分辨的金友沃

2 除法人生公式——关怀

这次全校联欢会上我们班演《Scroogie》，大家觉得怎么样？

Scroogie 话剧

哇~ 太棒了！太棒了！ 哇！

我来演Scroogie! 我来！我来！

哈哈哈，那我们先选出一个小组，从这个小组中挑选我们Scroogie！

那，这个小组是……第四小组——金友沃小组！

哇 哇！

关心别人的立场,"照顾"别人的心情!

金友沃是平时照顾、帮助同学的好学生,所以老师才让友沃担任组长,你也确实胜任了组长这个职务,起了很好的带头作用!老师也相信友沃能演好任何话剧角色。

但是,如果友沃对同学"照顾"过头,把什么事情都揽下来自己做,那其他同学不就没有机会表现自己了吗?这次选话剧主角也是,友沃考虑给同学减轻负担是值得称赞的,不过我们是不是也应该给别的同学表达想法的机会呢?

照顾是关心别人,也是考虑别人的心情。照顾并不单指行动,还包括考虑你的行动给朋友们带来的影响,应该尽量为不给你的朋友带来伤害而做出努力。所以照顾一个人,先要想到这个人需要什么,再想怎么做才能真正帮助对方。

这并不是说让你认为别人做什么都是对的,而是当别人做错事情时要拿出理解的姿态,这也可以说是一种照顾。比如,关欣迟到了,但是一向很准时的关欣迟到了肯定有他的原因,不是吗?他因为让你们等而感到着急和不好意思,这时能多给他些理解就是对他的照顾了。

学会多为别人着想,静静等待也是一种关怀。上次友沃为了表演的事情来找老师的时候,正赶上老师很忙,所以没法集中精神考虑充分就草草地回答了你的问题。但如果那时友沃能够站在老师的立场稍稍等老师一下,等老师忙完了再问,结果是不是就会不同了呢?如果老师忙完了,当然就有时间集中精神思考你的问题,并给你提供满意的答案了,你也就不会感觉失望了吧。

人与人之间就是这样相互关怀生活的,不能有"仅有我"的思想。否则,大家都只顾自己的事情,都把自己的事情放在第一位,秩序就会混乱,会起争执的,不是吗?如果大家都能照顾彼此的情绪,我们的校园生活将更加快乐!

金友沃的决心

- 我不会再为了"照顾"同学而随心所欲!
- 我不会因为同学犯错误而发火,要学会倾听别人的解释!
- 我要学会在别人忙的时候静静等待!

3 除法人生公式—— 奉献

他人不付报酬，绝不出头做事的吴关欣

不求报酬，真诚"奉献"！

关欣做什么事情都以身作则，带头干，这就是奉献。老师分配给关欣和同学们的任务都能完成，这也是奉献。可是，关欣有时候却把完成别人交给他的任务，把做给别人看当成是奉献，那不是真正意义上的奉献哦！

奉献是不计报酬与别人分享自己的东西。关欣可能觉得自己为别人服务就应该受到表扬或者认同吧？如果得不到回报或者别人不赞扬就不做了吗？那还能算是真正的奉献吗？

奉献是在别人拜托或者要求之前就不求回报地去做，在需要帮助的人开口之前就要伸出援助之手。奉献与照顾差不多，如果照顾是尊重别人的想法，那奉献就是用身心帮助别人的具体行动了！从这个层面上来看，蓝蓝虽然没有请求帮助，但你要是能主动去和蓝蓝撑一把伞结果会怎样呢？蓝蓝是不是也会在看到别人需要帮助的时候主动帮助呢？

这种奉献他人的心是可以传递的，我们的内心也会因为帮助别人而倍感温暖，这就是意义。意义是在为他人奉献之后心灵上获得的礼物。为别人服务有时会让你很累或者感到疲倦，但是人们还是觉得那么做是有意义的。这种意义比什么都重要，它会让你开心，更加愿意为他人奉献。

我们为什么要甘愿奉献呢？那是因为我们在生活中是彼此相连，谁也离不开谁的。

当然，也没必要把奉献想成是一定要做多大的事情，照顾自己的弟妹，帮助父母打扫房间也算是一种奉献啊！

吴关欣的决心

○ 我不会再为了别人的认同而刻意表现！
○ 我会主动帮助有需要的同学！
○ 我会帮助忙碌的妈妈照顾妹妹！

他人帮助自己，认为理所当然的李当然

4 除法人生公式——**感谢**

别人为我们所做的一切，都要"感谢"！

李当然不但学习好，对待朋友也热心，很受同学欢迎！但是，当然觉得老师让你们在下课时说"谢谢"很奇怪是吗？那是因为老师感谢大家听课听得那么认真！感谢的心是通过语言来表达的，人与人之间通过语言表达内心的感谢会让人心里觉得更加温暖、幸福！刚开始表达的时候可能觉得有些生硬，不好意思，但是你慢慢就会感觉到"谢谢"这句话有多美了！

感谢是对自己所拥有的一切心存感恩。那可能是我们的学习、一个人或者一件东西。不但要感激已经发生的而之前没有预想到的特别事情，还要感谢日常生活中非常细小的事情。对爱你的爸爸、妈妈、老师、同学也要说谢谢！不懂感激的人，认为生活中别人为自己做的事情都是理所当然的，发展下去就很容易就产生抱怨，甚至变得傲慢任性！

懂得感谢的人对什么事情都有满足感。当然腿受伤时心中满是抱怨，还发脾气，但是懂得感激的人，即使在腿受伤的时候也还是会感谢的。比如，虽然腿受伤了，但是还有爸爸和妈妈在帮我，我应该知足，感谢他们；虽然腿受伤了，但是身体其他地方没什么问题，我还可以上学，因此我要感谢！当然懂得这些感激之情吗？

很多情况下人们忘记了这些应该感谢的瞬间，不知道有那么多东西值得感谢。所以在忘记这些珍贵的瞬间之前表达出感激之情，做一个懂得表达感恩的人，好吗？

如果还是不知道应该感谢什么，那就看看你身边的人和物吧，你的父母、你居住的房子、你吃的食物、你使用的学习用品，等等。你现在认为理所应当的东西对某些人来说都是值得表达感谢的！

感激之情有多大，心就有多丰富，幸福就有多厚重！如果当然能把"当然了"改为"谢谢了"，那老师就会非常感谢！

李当然的决心

- 我要对自己所拥有的一切心怀感激！
- 在我腿受伤期间，我要对来看望我的同学们说"谢谢"！
- 我要对照顾我、爱护我的爸爸、妈妈，还有老师说"谢谢"！

5 除法人生公式——爱

相互珍惜、相互陪伴的"爱"!

艳艳是内心充满"爱"的人,因此未来才和艳艳做朋友,而且也只和艳艳说秘密!这种珍惜、想要在一起分享的心就是"爱"。但是,艳艳看到未来和那木芝在一起心里就不好受了吧?知道自己的好朋友竟然不止关心你还关注别人时,产生忌妒之心就不能算是真正的友爱了。

就像艳艳生妈妈的气一样,相互亲近的朋友也会起争执。但是"雨过之后,土壤会更肥沃",两个人争吵之后关系可能更加亲密呢!这也是妈妈在抱艳艳的时候,艳艳感觉更温暖的原因!

所有人都希望别人能喜欢自己,因为这样会有被重视的感觉,进而产生幸福感,这也是艳艳感觉和未来的友谊给你带来幸福的原因。

但是,一旦觉得自己最重要的时候,这种幸福感也就消失了。今天艳艳觉得伤心和孤独,也是因为你觉得自己不是未来最重要的人了,所以你才会连自己都不知道是怎么回事,就控制不住发脾气了。而这种举动渐渐会让同学真的不喜欢你,甚至讨厌你了!

那么到底什么是真正的爱呢?爱是关心你喜欢的人,让你喜欢的人开心!抛弃自己的贪

心也是一种爱，分享或分担想法、感受、意见、感情……也是爱。爱是所有生命都有的感觉。虽然不喜欢，但艳艳还是会照顾弟弟，这就是爱的表现。无论是谁，重要的是在爱别人之前要懂得感受爱，只有自己能感受到爱，才会懂得如何去爱别人。因为你内心中的爱是可以和大家分享的！

安艳艳的决心

- 我要爱自己！
- 我要珍惜我的朋友，爱护我的朋友！
- 我要在父亲节、母亲节时送他们卡片，写上我爱他们！

改变人生的保证

2008年2月10日晚上8点发生了一件令人遗憾的事情——韩国文化遗产崇礼门着火,放火的人是没有从国家得到充分的赔偿金的60岁老人。为了自己的事情而毁坏了600多年的文化遗产,这件事情令人发指。由这一事件可知一个人的价值观有多么重要。如果人们不懂得爱惜自己,不懂得尊重别人,那么这种事情就避免不了。

我们的内心有善良和美丽的一面,同时也有阴暗的一面。如果没有正确的价值观,那么自卑感、懒惰、自满、谎言、野心等灰暗的一面就会占据内心。一旦它们进驻你的心里,就会无限蔓延。因此,要坚持不懈地训练,努力让正确的价值观进驻你的心里。

其实,让这些正确的价值观进驻你的心里并不难,就让老师给你说说看吧。

这是发生在某个小学的真事。有一天,老师给自己喜欢的孩子粘贴纸,孩子们也把自己的粘贴纸送给自己喜欢的

同学。这其中 A 得到了很多粘贴纸，但是 B 一张都没得到。A 看到后就毫不犹豫地把自己的粘贴纸分了一半给 B。还有一位小学三年级的同学，在学校的公示版上写下"不要孤立弱小同学，大家一起做朋友"的话，帮助不足的同学。

通过这两件事情，老师想说，人生最伟大的事情是无私，老师想让你们知道，心中树立正确的价值观是多么的重要！

希望大家读完这本书会也会有所感悟，和老师有同感，如果发现自己内心有不正确的价值观，那么从现在开始，赶紧努力改掉，在内心建立起正确的价值观！

当然，这不是一件容易的事情，不能一下子就实现。不过罗马也不是一天建成的，只要在遇到困难的时候，学会转变态度，换一个心情，继续前进，那么正确的价值观就已经进驻你的心里了！

20个人生公式
让孩子快乐成长

1. **勇气** 就是不畏惧困难、克服恐惧、战胜困难的决心。
2. **坚持** 就是即使困难也不放弃，忍耐与等待的力量。
3. **自信** 就是了解自己的能力与价值，通过行动获得的满足感。
4. **梦想** 就是你真正想要实现的希望和理想，实现梦想需要热情。
5. **努力** 就是尽自己所能，把自己的能力发挥得淋漓尽致。

6. **正直** 是不用谎言掩盖自己的错误，有正派的心态。
7. **幸福** 会让你积极地想问题，不会因为事情没有按照自己的想法发展就不停抱怨。
8. **谦虚** 是不骄傲自大，不在别人面前炫耀自己。
9. **宽容** 可以帮你克制冲动，理解对方的行为。
10. **勤快** 是摆脱懒惰，把该做的事情按照顺序一件一件完成。

11. **负责** 是针对你接受的任务而言，不仅要接受任务本身还要接受任务的结果。
12. **协作** 就是指众人的心和力往一处使，朋友落后时给予援助。
13. **尊重** 就是指懂得接受别人的意见和行动。
14. **幽默** 就是让人开心的话语或行动，它能让平淡的生活充满欢乐。
15. **正义** 并不是指无条件平均分配，而是根据每个人的状况和能力进行公平分配。

16. **原谅** 就是指理解别人的错误，并像从前一样对待犯过错的人。
17. **关怀** 就是指关心别人，考虑别人的感受。
18. **奉献** 就是指不计报酬无偿贡献，我们可以从奉献中获得价值感。
19. **感谢** 就是对你所拥有的一切存有感恩的心，感谢要用文字或者语言表达出来。
20. **爱** 会让你想珍惜，想和自己喜欢的人在一起，和他们分享你的想法。